Línea de tiempo teléfonos celurales

50 000–20 000 años a. C.

Dígitos: los dedos de las manos son las primeras herramientas para calcular.

1843

El inventor inglés Michael Faraday investiga si los espacios vacíos son conductores de la electricidad.

1895

El inventor italiano Guglielmo Marconi envía el primer mensaje usando ondas radiales.

1492

Leonardo da Vinci diseña la primera calculadora mecánica.

724

El ingeniero chino Liang Lingzan fabrica el primer reloj de tictac.

1876

Alexander Graham Bell inventa el teléfono.

1834

El ingeniero inglés Charles Babbage diseña su máquina analítica, el primer computador en el mundo.

1921

La Policía de Detroit instala radios móviles en sus autos.

1992

El primer mensaje de texto es enviado a un teléfono celular por el ingeniero Neil Papworth.

2007

El primer teléfono con tecnología "multi-touch" es presentado; un verdadero computador móvil.

1947

Científicos del Laboratorio Bell idean el primer sistema de telefonía celular.

1997

El innovador francés Philippe Kahn envía la primera fotografía tomada con un teléfono celular.

1983

Sale a la venta el DynaTAC, el primer teléfono celular con un costo de USD 4000

1999

Salen a la venta los primeros teléfonos con reproductor de música MP3.

2008

Se lanza la primera tienda de aplicaciones. Para el 2011, 15 billones de aplicaciones habían sido descargadas.

1993

El primer teléfono inteligente del mundo, el Simon, cuenta con pantalla táctil, correo electrónico y lápiz digital.

¿De dónde vino tu teléfono celular?

Los teléfonos celulares necesitan raros materiales provenientes de todo el mundo. Este mapa te muestra algunos de los lugares involucrados en su producción. Tu teléfono podría venir de cualquiera de ellos.

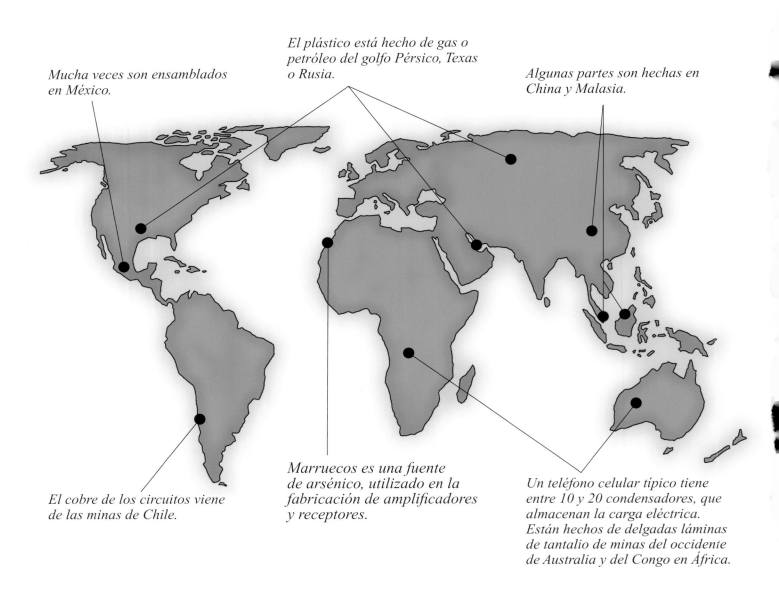

El plástico está hecho de gas o petróleo del golfo Pérsico, Texas o Rusia.

Mucha veces son ensamblados en México.

Algunas partes son hechas en China y Malasia.

El cobre de los circuitos viene de las minas de Chile.

Marruecos es una fuente de arsénico, utilizado en la fabricación de amplificadores y receptores.

Un teléfono celular típico tiene entre 10 y 20 condensadores, que almacenan la carga eléctrica. Están hechos de delgadas láminas de tantalio de minas del occidente de Australia y del Congo en África.

Autor:

Jim Pipe estudió Historia en la Universidad de Oxford y durante diez años publicó artículos, antes de convertirse en escritor de tiempo completo. Ha escrito numerosos libros de no ficción para niños, algunos sobre temas históricos. Vive en Dublín, Irlanda con su familia.

Ilustrador:

Rory Walker ha realizado hermosas ilustraciones del Parque Nacional Snowdonia en el Reino Unido. Ha publicado decenas de libros con sus obras, trabajadas con plumilla y tinta.

Creador de la serie:

David Salariya nació en Dundee, Escocia. Ha creado e ilustrado numerosas series publicadas dentro y fuera del Reino Unido, y fundó The Salariya Book Company en 1989. Vive en Brighton con su esposa la ilustradora Shirley Willis y su hijo Jonathan.

Pipe, Jim
   ¡No te gustaría vivir sin celulares! / Jim Pipe ; ilustrador Rory Walker ; traductora Luisa Gabriela Guerrero. -- Bogotá : Panamericana Editorial, 2016.
   40 páginas : ilustraciones ; 24 cm.
   Título original : You Wouldn't Want to Live Without Mobile Phones!
   ISBN 978-958-30-5192-0
   1. Teléfonos celulares - Historia 2. Sistemas de telefonía móvil - Historia 3. Sistemas móviles de comunicación I. Walker, Rory, ilustrador II. Guerrero, Luisa Gabriela, traductora III. Tít.
   621.38456 cd 21 ed.
   A1522149

   CEP-Banco de la República-Biblioteca Luis Ángel Arango

Título original
You Wouldn't Want to Live Without Movil Phones!

Primera edición en Panamericana Editorial Ltda., agosto de 2016
© 2015 The Salariya Book Company Ltd.
© 2015 Panamericana Editorial Ltda.
Calle 12 No. 34-30, Tel.: (571) 3649000
Fax: (571) 2373805
www.panamericanaeditorial.com
Tienda virtual: www.panamericana.com.co
Bogotá D.C., Colombia

Editor
Panamericana Editorial Ltda.
Edición
Luisa Noguera A.
Traducción
Luisa Gabriela Guerrero
Diagramación
Magda Hernández

ISBN: 978-958-30-5192-0

Impreso por Panamericana Formas e Impresos S.A.
Calle 65 No. 95-28, Tels.: (571) 4302110-4300355
Fax: (571) 2763008
Bogotá D.C., Colombia
Quien solo actúa como impresor.
Impreso en Colombia – *Printed in Colombia*

¡No te gustaría vivir sin celulares!

Escrito por
Jim Pipe

Ilustrado por
Rory Walker

Creado y diseñado por
David Salariya

PANAMERICANA
E D I T O R I A L
Colombia • México • Perú

Contenido

Introducción

En el siglo XXI, los teléfonos celulares hacen parte de nuestra vida diaria; es muy difícil imaginar nuestros días sin ellos. En tan solo algunos años, estos minicomputadores han transformado nuestra manera de vivir, trabajar y jugar, pues nos permiten hacer cualquier cosa, incluso hablar con tus amigos las 24 horas del día, los 7 días de la semana (24/7), enviando mensajes instantáneos.

Ahora, trata de imaginar tu vida sin los teléfonos celulares. ¡Terrible, ¿verdad?!

NO HAY NADA que los teléfonos celulares no puedan hacer, desde reportar el clima hasta suministrar mapas e instrucciones de viaje. En 2013, un estudio de la ONU reveló que de la población mundial estimada en 7000 millones de personas, 6000 millones tienen acceso a teléfonos celulares.

El aparato maravilla

Podría afirmarse que los teléfonos celulares han cambiado el mundo más rápidamente que cualquier otro invento. Realizan tantas funciones que han enviado a la basura a muchos aparatos. Pesan menos de 85 gramos y son suficientemente pequeños para llevarse en el bolsillo del pantalón.

Si pusieras todos los celulares que se han vendido en línea recta, ¡alcanzarían para llegar a la mitad del camino hacia la Luna! Ahora imagínate 100 años atrás cuando no existían los teléfonos celulares…

SI TRATARAS de fabricar un teléfono inteligente en el siglo XIX, ¡no hubiera sido exactamente móvil!

Música

Cámara

GPS

Teléfono

Juegos

Reloj

Calculadora

¡Nunca llegará a tiempo!

Linterna

TIC, TAC. Cuando el relojero suizo Jost Bürgi inventó el minutero en 1577, disparó la obsesión mundial por el tiempo exacto. Los relojes de bolsillo se hicieron muy populares en la década de los años 1700, y los relojes de pulsera llegaron en la década de los años 1920.

DAME UN TIMBRAZO. En 1876, Alexander Graham Bell gritó las famosas palabras: "¡Mr. Watson, venga aquí, quiero verlo!", a través del primer teléfono. En 1914, ya había millones de líneas telefónicas en Europa y Estados Unidos.

¡DIGAN WHISKY! En 1826, Joseph Nicéphore Niépce se demoró 8 horas en tomar la primera fotografía (izquierda). En 1900, ya podías tomar fotos instantáneas de buena calidad con una sencilla cámara Kodak Brownie, que utilizaba un rollo de película.

MARAVILLOSO. Incluso 100 años atrás, había muchas áreas inexploradas en el mundo. Hoy día, el sistema de posicionamiento global (Global Positioning System: GPS) le permite al teléfono celular detectar tu ubicación dentro de un radio de 15 metros, en casi cualquier parte del mundo.

DISCOTECA MÓVIL. En tiempos medievales, los juglares iban de castillo en castillo interpretando música. Hoy día, las aplicaciones de música pueden convertirte en un DJ.

¡¿Qué?! ¡¿Sin mensajes de texto?!

¡Aló? ¿Caballería? ¡Quiero dar de baja al blanco correcto! ¡Sí!, ¡en cinco minutos. ¡Gracias!

Si enviaras un mensaje de texto a un amigo, y no recibieras respuesta en un mes, ¿cómo te sentirías? Bueno, pues antes de que inventaran el teléfono, la manera más rápida de estar en contacto con otras personas era escribirles una carta. Lo más probable era que después de entregar tu carta al cartero, quien galopaba a la distancia, tendrías que esperar semanas por una respuesta. Frustrado, el francés Renouard de Villayer, intentó poner en marcha el primer sistema postal en 1653, pero su astuto plan fue frustrado por un rival que llenó las cajas de ratones y se comieron todas las cartas.

IMAGINA cuántas cosas hubiera podido hacer Napoleón, si hubiese tenido un teléfono celular en la batalla de Waterloo, en 1815.

CORREO AÉREO. Durante la Primera Guerra Mundial, la paloma mensajera Cher Ami llevaba mensajes a las tropas estadounidenses, sin importar que perdiera una pata bajo el fuego enemigo.

¡Hoy vuelo, llegaré mañana, señor!

¡Puedes hacerlo!

Cien años atrás, un operador entrenado en código morse transmitía de 40 a 50 palabras por minuto. ¿Puedes hacerlo?

AL GALOPE. En la década de los años 1200, los mensajeros del emperador Gengis Kan cabalgaban 300 km en un día. Una red de 1400 estaciones de relevo proveían a los jinetes comida y caballos descansados.

CORREO FERROVIARIO (abajo a la izquierda). Las estampillas eran tan revolucionarias como lo son hoy los teléfonos celulares. El Penique Negro, la primera estampilla mundial, fue introducida en Inglaterra en 1840.

ESPACIOS Y PUNTOS. Samuel Morse demostró que los mensajes podían enviarse a través de ondas eléctricas, cuando inventó el telégrafo eléctrico (abajo) en 1835. Un sistema de pulsaciones cortas, puntos y espacios era sinónimo de cartas.

Orientación de las ondas aéreas

Hoy día, basta con tocar la pantalla para enviar un mensaje instantáneo vía teléfono celular. En el pasado, las señales de humo enviaban los mensajes a la distancia. Los percusionistas africanos podían enviar señales con una velocidad superior a 160 km/h.

En 1848, el telégrafo eléctrico proveía comunicación instantánea a larga distancia, y en 1895 el inventor italiano Guglielmo Marconi envió el primer mensaje utilizando ondas de radio. Pero había un inconveniente: solamente algo más de cien personas podían utilizar las ondas de radio al tiempo, sin que escucharan las conversaciones de otros. ¿Puedes imaginarlo?

En la década de los años 1920 en América, los radios se utilizaron para atrapar a los gánsteres que contrabandeaban alcohol. Al comienzo, los patrulleros paraban sus vehículos para conectarse a una línea telefónica. En 1928 los oficiales de Detroit utilizaban radioteléfonos en sus autos.

EL SEMÁFORO DE BANDERAS es un sistema de señales que utiliza dos banderas o paletas. Fue útil para los barcos en la década de los años 1800 y todavía se utiliza como comunicación de emergencia.

WALKIE-TALKIE. Este radio de apenas 15 kg fue inventado durante la Segunda Guerra Mundial y les permitía a los soldados comunicarse en medio de la batalla. Con el sistema de pulse para hablar (push-to-talk: PTT), tú oprimías un botón para hablar y luego lo soltabas para escuchar los otros radios.

TELÉFONOS DE AUTO. Los radioteléfonos aparecieron en 1946 y eran suficientemente grandes para copar el baúl del auto.

LLAMADAS BROMISTAS. A mediados de la década de los años 1950, en Gran Bretaña, solamente el duque de Edimburgo (el esposo de la reina) estaba autorizado para tener su propio radioteléfono. Hacía voces graciosas para divertir a sus hijos.

¡Puedes hacerlo!

La frecuencia ciudadana (Citizens Band: CB) era una red de radio de dos vías, en la que todos podían escucharse. Se hizo muy popular en la década de los años 1970, entre los conductores de camiones.

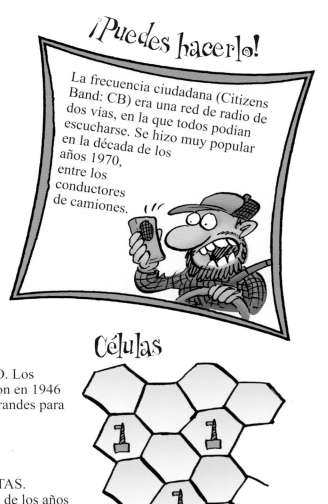

Células

Con este símbolo, las células compartían el mismo canal.

En 1947, investigadores de Estados Unidos tuvieron la idea de dividir las ciudades en células de 26 km cuadrados, con su propio transmisor de baja potencia. ¡Era tan bueno como tener un montón de canales adicionales!

¡Cuidado con el "ladrillo"!

La división de las ciudades en células fue un gran paso para los teléfonos celulares modernos; esto se hizo 25 años antes de que esta tecnología los convirtiera en realidad. Tomó tiempo elaborar las baterías suficientemente livianas y portátiles, muchos microchips para identificar los teléfonos individuales, y el software adecuado para mantener la señal cuando se pasa de una célula a otra. Nadie imaginó en 1980, que el teléfono móvil se convertiría en el dispositivo clave del siglo XXI. ¿Te gustaría llevar a tu lado un "ladrillo" gigante?

Y EL GANADOR ES… El 3 de abril 1973, el inventor Martin Cooper realizó una llamada en la primera versión del "ladrillo". Llamó a su rival para decirle que había ganado la carrera en el desarrollo del primer dispositivo de mano. Su teléfono pesaba 1.1 kg, tenía una sola línea, únicamente texto en pantalla LED, y 20 minutos en tiempo de batería.

Llámame "LADRILLO". En 1983, DynaTAC fue el primer celular que salió a la venta en Estados Unidos, apodado "el ladrillo", tenía un auricular que encajaba en la batería. Teléfonos anteriores necesitaban un maletín para llevar la batería.

¡Vaya! Él debe ser muy importante

NO ES TAN SENCILLO, SIMON. El primer teléfono inteligente, Simon, apareció en 1993. Traía e-mail, calendario, directorio, agenda, una calculadora y lápiz digital (izquierda). Tuvo una de las primeras pantallas táctiles y también texto predictivo que adivinaba lo que querías escribir.

Cómo funciona

Para utilizar un teléfono celular, debes estar dentro del alcance de una antena (aérea) para que pueda transmitir la señal a otras antenas. Muchas de ellas están ocultas astutamente en los árboles por ejemplo, para no arruinar el paisaje.

TXT MSG. El primer mensaje de texto fue enviado desde un computador a un teléfono celular en 1992. El programador inglés Neil Papworth le deseaba a un amigo "Feliz Navidad". En 2013, la red mundial enviaba 9 trillones de mensajes de texto al año.

NO ESTOY EN ESTE MOMENTO. En 1986, la investigación del científico Scott Jones dio como resultado el primer sistema de correo de voz. Ganó 50 millones de dólares y se retiró a la edad de 31 años. Su mansión tiene árboles interiores, un tobogán gigante (izquierda) y dos cascadas.

FELIZ SIESTA. El 11 de junio de 1997, el ingeniero francés Philippe Kahn envió la primera foto tomada con un teléfono celular de su bebé recién nacida, Sophie.

13

Las minimaravillas

MÁQUINA DE PENSAR. Hacia 1834, el inventor inglés Charles Babbage tuvo la idea de un procesador aritmético que pudiera hacer cálculos numéricos y dar el resultado. El matemático Ada Lovelace elaboró el primer programa para ello. Tristemente, Babbage huyó con el dinero y la máquina nunca se construyó.

EN LA DÉCADA DE LOS AÑOS 1980, un computador realizaba las mismas funciones que un teléfono celular de hoy y llenaba todo un piso de oficinas.

La tecnología se vuelve cada vez más pequeña; para 1989 se fabricó un teléfono que pudo caber en el bolsillo de la camisa. Los celulares se han hecho también cada vez más económicos; el primero costaba tanto como un auto pequeño. ¿Cómo cambiaron de ser unos ladrillos engorrosos en los años1970 a ser los titanes diminutos de hoy día? Las mejoras en las baterías desempeñaron un papel importante, pero también otras inteligentes ideas (algunas más viejas de lo que tú piensas) convirtieron a los teléfonos inteligentes en minimaravillas.

¿Qué hay en tu teléfono?

Teclado

Pantalla LCD   Parlante

Micrófono

Antena

Tablero de circuitos

Batería

El tablero de circuitos contiene el procesador, el "cerebro" de tu celular.

Barra de hierro

Cilindro de cobre

Vasija de barro (tal vez con jugo de frutas)

FUENTE DE ENERGÍA. La primera batería conocida tal vez haya sido construida por los antiguos persas, quienes colocaban una barra de hierro dentro de un cilindro de cobre y sumergían estos dos elementos dentro de una vasija con jugo de uva o limón. Más o menos 2000 años después, las baterías modernas trabajan de la misma manera, aunque los materiales son diferentes.

¡Consejo prático!

¡No arrojes tus baterías a la basura! Una batería de un teléfono NiCad contiene suficientes tóxicos para contaminar 600 000 litros de agua (¡alrededor de un tercio de una piscina olímpica!).

MICROCHIPS. En 1958, el estadounidense Jack Kilby desarrolló el primer circuito integrado, un conjunto de circuitos electrónicos en una pequeña superficie (o chip). El año siguiente, Robert Noyce, de manera independiente, creó un circuito integrado hecho de silicio. Su descubrimiento puso en marcha la revolución de los computadores durante los siguientes cincuenta años.

DISPOSITIVO DE CRISTAL LÍQUIDO (Liquid Crystal Display: LCD). Esta pantalla hace posibles los juegos, videos, agendas y mensajes de texto. Las curiosas propiedades de los cristales líquidos fueron detectadas por primera vez por el botánico australiano Friedrich Reinitzer, en la década de los años 1880, pero los LCD aparecieron en los relojes y calculadoras casi 100 años después, en la década de los años 1970.

¿Olvidaste tu memoria?

ambién los teléfonos se han hecho más inteligentes. En 2007, reemplazaron a los computadores, y nos permitieron escribir e-mails, pagar nuestras cuentas y buscar trabajo. ¿Olvidaste algo? Tan solo digita tu pregunta en el buscador y ahí está tu respuesta. Sin lugar a dudas, los teléfonos celulares están prohibidos en las aulas escolares, en exámenes y pruebas. Aquí están algunos ejercicios para entrenar tu memoria:

Recuerda... recuerda...

En los últimos 5000 años, las personas han hecho marcas en las piedras, en greda y papel para recordar sus ideas. Los antiguos egipcios adoraban hacer listas, escribían hacia abajo cuántos soldados había en la armada o pintaban hechizos en las tumbas o en las paredes para guiar el alma después de la muerte.

PARA RECORDAR el número de días en cada mes, aprieta los puños. Cada nudillo representa un mes de 31 días, los espacios entre los nudillos representan los meses de 30 y menos días.

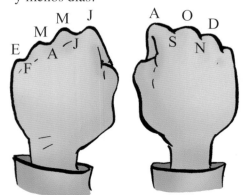

¡GRACIAS, ABUE! Los simples trucos de memoria se llaman mnemotecnia.

HAZAÑAS DE LA MEMORIA. Antes que las historias se escribieran, los juglares o cuenteros podían hacer que sus historias duraran por horas, ligando frases cortas que ellos debían memorizar. En años recientes, memorizar cosas se ha convertido en un deporte.

¡Escucha mi historia... !

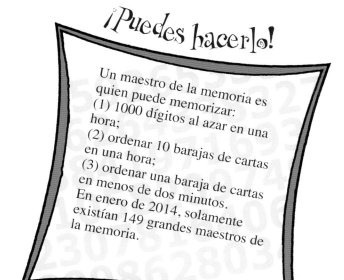

TAQUIGRAFÍA. En la década de los años 1660, el sirviente inglés Samuel Pepys escribió su diario en taquigrafía para mantenerlo en secreto. Un sistema de símbolos y abreviaturas desarrollado por sir Isaac Pitman, en 1837, para escribir palabras en un tiempo más corto, también se utiliza hoy día.

LETRAS DE CANCIONES. Los aborígenes caminaban y cruzaban los vastos y salvajes desiertos de Australia recordando canciones que describían la ubicación de las montañas, los pozos de agua y otras señales naturales. ¿Existen canciones que te hagan pensar acerca de algunos lugares particulares y momentos de tu vida?

El teléfono divertido

on los teléfonos inteligentes también llegaron las pantallas multitáctiles y el acceso instantáneo al entretenimiento en línea. Hoy día, los adolescentes europeos y estadounidenses utilizan los teléfonos celulares aproximadamente dos horas al día, y tan solo 12 minutos se usan para hacer llamadas. El resto del tiempo navegan en Internet, ven películas, escuchan música o juegan. También los niños se aficionaron; en 2010 se lanzó la primera tableta, que permite que los pequeños dedos disfruten de la fiesta. ¿Cómo se divertían antes de los teléfonos inteligentes?

KARAOKE EN MASA. A principios de la década de los años 1900, el público que iba al cine disfrutaba de sus propios medios de comunicación "interactivos", con las "canciones dramatizadas", que fueron muy populares.

¡Oh, querida!

MÚSICA EN MOVIMIENTO En la década de los años 1950, los coches se equiparon con reproductores de discos en el tablero de instrumentos. Pero ¡no servían mucho en un camino destapado!

DIVERSIÓN A LA ANTIGUA. Hace 2000 años, los romanos disfrutaban con los juegos de mesa, ir al teatro o mirar a los gladiadores pelear uno contra otro. En un teléfono celular, puedes jugar, ver películas y protagonizar combates digitales contra otros contrincantes en línea.

Analiza cuántos atajos en tu teléfono inteligente conoces, por ejemplo, tres toques con el dedo para ampliar la imagen. En el futuro, los teléfonos reconocerán expresiones faciales.

Cuadrícula

Controlador (tarjeta madre)

Pantalla

EN CONTROL. Los dedos siempre han sido estupendas herramientas creativas, ya sea fabricando ollas de barro, sosteniendo un lápiz o tocando un instrumento. Pero tocar una pantalla es nuevo.

Detrás de una capa de vidrio, existe una malla invisible de cables eléctricos. Cuando tu dedo toca en la pantalla, crea una interferencia eléctrica que le dice al computador dentro de tu teléfono lo que debe hacer.

¿LA MISMA VIEJA HISTORIA? Las mejoras en la impresión en la década de los años 1440 dieron paso a la revolución de la información. Antes de eso, los libros eran escritos e ilustrados a mano. Ahora, Internet y los lectores electrónicos crearon una revolución similar.

19

¡Llama a un amigo!

Antes de que llegaran los teléfonos celulares, si escuchabas una voz diciendo "¡hola!" detrás de ti, voltearías a ver quién era. En estos tiempos, esa voz puede venir del chat de algún teléfono celular. Para muchas personas, los teléfonos celulares ofrecen una manera de mantenerse en contacto con sus amigos y familia todo el tiempo. Las redes sociales nos permiten compartir pensamientos, fotos y videos. En los negocios también son útiles para averiguar lo que el cliente desea. Mira cómo lo hacían en el pasado:

Siempre han existido las redes sociales. Arte rupestre encontrado en Rusia y en Suecia sugiere que en la Edad del Bronce las tribus se comunicaban dejando marcas sobre las rocas. Estos sitios ofrecían la oportunidad de adquirir conocimiento y compartir consejos de supervivencia y cacería.

¿Tú crees que no les caemos bien?

GRATIFICACIÓN DIARIA. En la década de los años 1600, los caballeros visitaban sus cafeterías favoritas muchas veces al día para actualizarse en las noticias. Algunas cafeterías se especializaban en diferentes temas, como ciencia, literatura o negocios.

EN 2010, Melisa Thompson rompió el récord de la persona que escribiera más rápido: en 25.94 segundos tecleó 160 caracteres.

CORREO DE VOZ. Cuando Thomas Edison inventó el gramófono en 1877, esperaba que se utilizara para grabar llamadas telefónicas o dictar cartas. En 1898, el inventor danés Valdemar Poulsen creó la primera máquina magnética para grabar las llamadas (izquierda).

PEQUEÑO TRINO. El ingeniero alemán Friedhelm Hillebrand se acercó al límite de los 160 caracteres en mensajes de texto escribiendo preguntas al azar, como ¿qué estoy haciendo con mi vida? y contando los caracteres. El primer trino fue enviado el 21 de marzo de 2006; a finales de 2013, más de 180 billones de trinos habían salido en todo el mundo.

En la década de los años 1990, la tecnología se encontraba en los video-teléfonos, pero las personas preferían mantener sus rostros escondidos mientras hablaban por teléfono. Ahora, las videollamadas se han vuelto cada vez más populares.

101 usos de un teléfono celular

Extrañarías infinitamente tu teléfono celular. Se han utilizado de maneras que ni siquiera sus inventores imaginaron. Los soldados llaman a sus hogares desde los campos de batalla, los pescadores africanos los utilizan para averiguar los últimos precios del pescado, y nos recuerdan las citas de vacunación de nuestros hijos. Y, como los teléfonos celulares han sustituido en gran medida a los teléfonos fijos, se convirtieron en una poderosa manera de enviar mensajes de advertencia. En los desiertos de Omán, el Gobierno envía textos para advertirles a los ciudadanos sobre las inundaciones repentinas y peligrosas.

¡Hola, papá!

LA GUERRA Y LA PAZ. Ya que los soldados utilizan el celular para llamar a sus casas, la nueva generación de celulares militares serán impermeables y tendrán seguridad extra con pantallas de baja intensidad para que no puedan ser detectados en la noche.

Los usuarios de los teléfonos celulares en Filipinas pueden teclear igual de rápido con las dos manos. Utilizar dedos distintos o intercambiar manos es una buena manera de descansar los dedos y pulgares adoloridos.

EN 2010, Haití fue devastado por un terremoto. Inmediatamente después, los estudios mapearon el tráfico de las redes celulares, para ubicar a las personas desaparecidas. Alrededor de diez meses después, esta información fue de gran ayuda a los organismos de socorro para hacerle frente a un brote de la mortal enfermedad del cólera.

LLAMADAS ECONÓMICAS. Incluso en los lugares más pobres de África, las personas tienen acceso a un teléfono celular. En el occidente de África, "las chicas sombrilla" hacen negocios al lado de la calle, con un teléfono y algo de sombra. Algunos usuarios reducen costos haciendo llamadas "perdidas" (dejan que el teléfono suene una vez y luego cuelgan).

SALUD. Los dispositivos médicos se han desarrollado para conectarse a un teléfono celular y diagnosticar enfermedades como la neumonía, por cuya causa mueren más de 2 millones de personas al año. Un nuevo software utilizará la potencia de cálculo de un teléfono para averiguar qué medicina, y qué dosis, se debe suministrar a los pacientes.

Esto dice que te estás haciendo el enfermo.

¡Celulares al rescate!

Tal vez tu teléfono celular te ha ayudado a encontrar a alguien en un centro comercial. Los celulares también funcionan en terrenos hostiles. Gracias al sistema de posicionamiento global (GPS, por su sigla en inglés), incluso una señal débil puede ser utilizada por grupos de rescate para localizar con precisión a personas perdidas en lugares remotos. En 2011, un esquiador quedó atrapado en una montaña en Italia, y llamó a su padre a 1300 km.

GPS. Una red de 24 satélites orbitando 19 000 kilómetros arriba de la Tierra le permiten al teléfono celular encontrar tu ubicación en un radio de 15 m. Los satélites recorren dos órbitas completas de la Tierra en menos de 24 horas.

ALGUNAS APLICACIONES pueden convertir tu celular en una herramienta de ubicación de rescate. Incluso si no tienes buena señal, él conectará con un satélite de órbita baja. Las aplicaciones mapearán tu ubicación en línea y podrás ser encontrado en caso de emergencia.

ENCIENDE LA LINTERNA.
No olvides que puedes utilizar tu celular también como una linterna (esto reducirá la carga de la batería rápidamente). Las aplicaciones también convierten tu celular en un transmisor de código morse.

¡AUXILIO! En el pasado, las bengalas, el fuego, silbidos, tambores y las señales de humo se usaron para advertir sobre el peligro. Los celulares lo hacen más rápido. En algunas partes de Estados Unidos, escribes un mensaje de texto a la Policía en vez de marcar 911.

Costa sur de Inglaterra, 1588: un faro encendido advierte la invasión de la Armada Española.

SANO Y SALVO. Los teléfonos móviles son muy útiles cuando se quiere que los demás sepan que llegaste seguro a tu destino. En mayo de 2013, el escalador británico Daniel Hughes hizo historia al hacer la primera llamada de video en vivo desde el punto más alto del mundo, el monte Everest, a 8848 metros sobre el nivel del mar.

Malos hábitos

Hay adictos al celular. Uno de cada tres adolescentes envía más de 100 mensajes al día (o 3000 al mes), y dos de cada tres adolescentes duermen con su celular cerca. Muchas personas no pueden evitar que su celular sea lo primero que ven al despertar y lo último al acostarse, sus amigos virtuales son más importantes que la persona que tienen al lado. En los buses y trenes, los pasajeros se sientan en silencio pegados a sus teléfonos cada uno en su propia burbuja. De hecho, muchos adolescentes dicen poder vivir sin chocolates y Tv., antes que sin sus celulares.

OLFATEADORES CELULARES. Los teléfonos móviles se han prohibido en todo tipo de lugares, en los teatros y salas de cine, en las escuelas y prisiones. Los celulares se introducen "de contrabando" en las prisiones dentro de los libros, cartones de leche y zapatos. Sin embargo, los teléfonos móviles tienen un olor único, y los perros han sido entrenados para olfatearlos y ¡encontrarlos!

¡DIOS MÍO! Siempre es bueno mantenerse en contacto, sin importar si es para contarnos chistes o hacernos bromas, o compartir nuestros sentimientos. Cuatro mil años atrás, un hombre enamorado en la antigua Babilonia escribió este mensaje a su amada:

A Bibea: ¿Cómo estás? Estuve en Babilonia, pero no te vi. Estoy muy decepcionado. Dime por qué te fuiste, para sentirme mejor. Gimil

¡Encuéntralo!

¡Consejo práctico!

Cuando llegue la hora de dormir, evita mirar tu celular. Tu teléfono puede engañar a tu cuerpo con su luz blanco azulosa, haciéndote creer que es de día, y manteniéndote despierto.

CUIDADO: Aunque no existen pruebas de que los celulares no son seguros al usarlos, debes evitar dormir con ellos bajo la almohada.

Fobias telefónicas

¿Alguno de tus amigos sufre de lo siguiente?

- Telefonofobia: Miedo a hacer o recibir una llamada.

- Timbredad: Ansiedad cuando escuchas un timbre o incluso si no lo escuchas.

- Fobonoseñal (no hay señal): Sentir ansiedad cuando tu teléfono no tiene señal.

- Cerefobia: Miedo a que el uso del celular dañe su cerebro.

27

Dispositivos inteligentes

Gracias a los teléfonos celulares, conocemos cosas que en tiempos anteriores solo ocurrían en la ciencia ficción: los mensajes de texto, videollamadas, rutas instantáneas de manejo, direcciones, y estar disponible para cualquier persona, en cualquier lugar, a cualquier momento. Sin embargo, ten cuidado. ¡Estos dispositivos inteligentes solamente son tan inteligentes como sus usuarios! En 2013, una mujer estaba distraída leyendo un mensaje de texto mientras conducía directamente hacia un lago en Maryland, EE.UU.; por suerte salió ilesa mientras su auto se hundía en el agua. Esto demuestra por qué conducir hablando por teléfono o escribiendo mensajes de texto está prohibido en muchos países del mundo. Los mensajes de texto hacen que un conductor desprevenido tenga 23 veces más probabilidades de estrellarse.

UNO DE CADA DIEZ PROPIETARIOS de teléfonos inteligentes les han dado a sus aparatos una húmeda tumba al dejarlos caer en el inodoro.

LLAMADA DE BOLSILLO. En 2010, los oficiales de Policía en Daytona Beach, Florida, fueron capaces de prevenir el robo de un auto después de que uno de los ladrones hiciera una llamada involuntaria (el ladrón se sentó sobre su teléfono y accidentalmente llamó a la Policía).

TELÉFONOS PARA PERROS. En 2007, se diseñó un teléfono celular para perros, con GPS incorporado. Esto les permitió a los propietarios rastrear el movimiento de su perro y enviar una alerta en caso de que se desviaran de su ruta. Este teléfono no podía quitarse, aunque pedían que fuera resistente al agua.

¡Mira, hay una aplicación para encontrar huesos!

UN CELULAR DE ALTURA. Un pirotécnico (un experto en pólvora) estaba haciendo un montaje como parte del show en el Concurso Nacional de Juegos Pirotécnicos en Plymouth, Inglaterra. Luego se dio cuenta de que disparó su celular a (900 metros) al aire ¡como parte de la exhibición!

Glosario

Antena Dispositivo para enviar o recibir señales de radio. Muchos de los teléfonos inteligentes tienen antenas internas; los teléfonos viejos, por fuera de ellos.

APP Abreviación de aplicación. Es un programa para celulares y tabletas.

Banda Una clase particular de frecuencias de radio, por ejemplo, las utilizadas por compañías de telefonía móvil para proporcionar la señal de teléfonos celulares.

Batería de níquel Batería recargable con piezas claves fabricadas en níquel y cadmio.

Célula Área cubierta por una sola antena de telefonía móvil o antena repetidora. Cada antena se entrelaza con la cobertura de las torres cercanas, para que tu teléfono celular no deje de funcionar así te muevas de una célula a otra. Una serie de células enlazadas se llama red celular.

Correo de voz Máquina contestadora proporcionada por una empresa de redes de telefonía que registra y graba un mensaje de voz cuando una persona llama a otra, y esta no contesta. Por lo general, comienza con un mensaje de saludo y luego registra el mensaje de voz de la persona que llama.

Dispositivo de cristal líquido (LCD) Clase de pantalla creada con un dispositivo de pequeñas cuadrículas llamadas píxeles. Las pantallas LCD son más cómodas para leer y usan poca energía.

GPS En inglés, sigla de sistema de posicionamiento global, red de satélites que determinan la ubicación exacta de personas u objetos. Si marcas el número de emergencias, el GPS permite a la operadora localizarte.

Mensaje de texto Software que permite que los mensajes cortos de texto sean enviados y recibidos en un teléfono móvil. También se llaman SMS (Short Message Service).

Mensaje instantáneo Software de Internet basado en el chat que les permite a las personas enviar mensajes de texto rápidos entre sí. Y muestra cuáles de tus amigos están disponibles para charlar.

Microchip Conjunto de circuitos electrónicos en una pequeña placa (o chip), generalmente hecha de silicio.

Pantalla táctil Dispositivo en el teléfono celular que, cuando tocas la pantalla, activa botones con caracteres.

Procesador El "cerebro" de un teléfono celular (o cualquier tipo de computador). Ese "cerebro" maneja los instructivos de las aplicaciones. Un procesador con velocidad permite que la aplicación corra más rápido. También se denomina unidad de procesamiento central.

Software Todos los programas habilitados para el funcionamiento del computador.

Tarjeta SIM Sigla en inglés de Suscriber Identity Module: módulo de identidad del suscriptor. Tarjeta plástica que contiene un microchip que guarda la información que necesitas para usar tu teléfono.

Teclado numérico Teclado estándar, con cuatro filas de tres teclas cada una.

Teléfono celular Nombre habitual que se le da a un teléfono móvil o inalámbrico en algunos países, como Estados Unidos.

Teléfono fijo Conexión estándar.

Teléfono inteligente Teléfono celular, que es más un minicomputador y puede correr diferentes programas. Los teléfonos inteligentes tienen diferentes pantallas y procesadores más potentes que los teléfonos sencillos.

Telégrafo Sistema inventado en el siglo XIX para el envío de mensajes a través de largas distancias, usando un alambre.

Walkie-talkie Radio de dos vías que permite hablar a todos los usuarios al alcance, pulsando un botón.

Wireless Sistema que permite enviar información sin necesidad de utilizar cables. Por ejemplo, un teléfono móvil utiliza ondas de radio.

Índice

Teléfono móvil

El aumento de los mensajes de texto en la década de los años 1990 dio paso a la creación de una nueva forma de escribir, conocida como "texteo" o lenguaje txt. Hace veinte años, la mayoría de los teléfonos móviles tenían teclados numéricos donde había que oprimir una tecla varias veces para obtener la letra correcta. Con cientos de millones de personas texteando cada día, todo tipo de abreviaturas se desarrollaron para ahorrar tiempo.

Estas abreviaturas han ido apareciendo espontáneamente y son principalmente usadas por los adolescentes. Sin embargo, cabe destacar que su uso ha deteriorado la buena escritura y sería mejor evitar usarlas. Algunas de las más comunes son:

BB: bebé
BN: bien
BYE: adiós
FINDE: fin de semana
GRR: enfadado
KNTM: cuéntame
MSJ: mensaje

ND: nada
PF: por favor
TMBN: también
TQM: te quiero mucho
XQ: porque

¿Sabías que... ?

- De acuerdo con un estudio científico, los teléfonos celulares tienen 18 veces más bacterias que la manija de un inodoro.

- En Japón, la mayoría de los celulares son resistentes al agua porque muchas personas, especialmente los jóvenes, los utilizan en la ducha.

- Un laboratorio científico en el Reino Unido encontró la manera de recargar el celular usando reacciones químicas de la orina humana.

- Alexander Graham Bell recomendó ¡Ahoy! como un saludo de bienvenida según lo utilizan en los barcos, pero el inventor Thomas Edison lo tomó para hacer la palabra "¡Hello!".

- Es probable que hayas recibido una llamada "fantasma" en tu celular, por lo general de un teléfono en el bolsillo de alguien. Para el servicio de emergencia es un problema grave. En la década de los años 2000, la Asociación Nacional de Números de Emergencia en EE.UU. reveló que las llamadas "fantasma" fueron responsables del 70 % de las llamadas de emergencia en algunas zonas.

- En 1860, Johann Philipp Reis fabricó el primer teléfono moderno utilizando maíz, una aguja de tejer, la piel de una salchicha y un trozo de platino. El científico lo mostró a varias personas y se rieron de él. Sin embargo, Reis inventó la palabra teléfono, la cual se utiliza hoy día.

Hábitos telefónicos

Los teléfonos celulares han cambiado el comportamiento de las personas de inesperadas maneras. ¿Has hecho algo parecido? Si no lo has hecho, probablemente lo harás. Se ha vuelto muy común.

- Si tu teléfono tiene cámara en doble sentido, apúntala a tu rostro. Luego, ¡utilízala como un espejo para maquillarte o cepillar tu cabello!

- No te molestes en volver a utilizar los timbres o tocar la puerta. Solamente llama desde tu celular mientras esperas.

- ¿Tienes algo atorado en tus dientes? Pide a un amigo que utilice la linterna para examinarte.

- Si amas tu peinado, busca un amigo para que te tome fotografías de varios ángulos. Así podrás mostrársela a tu estilista la próxima vez que lo visites.

- ¿Estás estresado? Hay aplicaciones para jugar con burbujas.

- En un reciente estudio realizado en Estados Unidos, 4 de cada 10 personas admitieron que cuando se encontraron con un amigo en la calle miraron su teléfono para evitar comenzar una conversación. Un número similar realizó una búsqueda rápida en Internet para que le ayudara a seguir la conversación.

- Los *ringtons* pueden llegar a ser muy irritantes, pero para los padres que buscan consolar a un bebé que llora, pueden convertirse en ¡un juguete musical!

- Toma fotos de tus amigos con las cosas que les prestas, así recordarás pedírselas de vuelta.